Elke von Garrel

Weihnachtstänze für die Grundschule

Kreative Tanzaufführungen zu bekannten Kinderliedern von Rolf Zuckowski

PERSEN

Die Autorin

Elke von Garrel ist Grundschullehrerin. Sie studierte Sport in Köln und Germanistik in Oldenburg. Danach unterrichtete sie viele Jahre an Grundschulen in Wilhelmshaven und in ihrer Heimatstadt Emden. Das Thema Tanzen hat sie sowohl im Schulsport als auch in der Vereinsarbeit immer begleitet.

Die Autorin dankt der Musiklehrerin Frau Hilke Uken für die musikalische Formanalyse.

Gedruckt auf umweltbewusst gefertigtem, chlorfrei gebleichtem und alterungsbeständigem Papier.

2. Auflage 2019

Illustrationen: Mile Penava
sowie Katharina Reichert (Schneemann, Wolke S. 9, Rentier S. 17, Stiefel S. 22, Weihnachtsmann S. 27, Geschenke S. 28, Schlitten S. 37), Barbara Gerth (Schneeflocken S. 34), Stefan Lucas (Schneemann S. 13)

Satz: Satzpunkt Ursula Ewert GmbH, Bayreuth

ISBN: 978-3-403-20417-6

www.persen.de

Inhaltsverzeichnis

Einführung

Liedtexte und Tanzbeschreibungen

Illustrationen

Inhalt der CD

1. Es schneit
2. Ein Schneemannslied
3. Auf dem Weihnachtsmarkt
4. Lasst uns froh und munter sein
5. Lieber guter Weihnachtsmann
6. Schneeflöckchen, Weißröckchen
7. Weihnachtszeit

Einführung

Das vorliegende Werk widmet sich der gymnastisch-rhythmischen und tänzerischen Bewegungsgestaltung, die in den Kerncurricula für die Grundschule verankert ist. Damit die Kinder die geforderten Kompetenzen in diesem Lernfeld erlangen können, muss der Lehrer wissen, wofür seine Schüler[1] empfänglich sind und welche Art von Tanz und Musik ihnen Freude bereiten könnte.

Die Weihnachtslieder und Winterlieder in diesem Werk bieten sich im besonderen Maße für dieses Lernfeld an, da sie keinem Zeitgeist unterliegen, in ihren Abläufen klar strukturiert sind und die Kinder durch die Texte angesprochen werden. Zudem gibt es in der Vorweihnachtszeit viele Möglichkeiten, das Gelernte zu präsentieren, z. B. bei Advents- und Weihnachtsfeiern.

Zentrale Aspekte des Lernfeldes

- Anreize zum Bewegungsausdruck durch Musik und Rhythmus
- Umsetzung von Rhythmen in Bewegungen
- gymnastisch-tänzerische Bewegungen mit und ohne Handgerät (Seil, Ball etc.)
- spontanes Agieren und Reagieren als Bewegungsimprovisation
- die Auseinandersetzung mit Kindertänzen und Trendtänzen

Kompetenzerwartung für die Schüler

- Rhythmen in Bewegung umsetzen
- Bewegungen gestalten, d. h. sich pantomimisch in unterschiedliche Rollen hineinfinden und sich darin bewegen
- die Körpersprache als Ausdrucksform benutzen
- Präsentation eines Kinder- oder Trendtanzes (Integration von Tanzkultur in den Schulalltag)
- themen- und/oder musikbezogene Bewegungen improvisieren (eigene Potenziale durch Bewegungsgestaltung freisetzen)
- Tanzschritte lernen

Die Schüler erproben und erweitern also ihre körperliche Ausdrucksfähigkeit sowohl in frei gestalteten als auch in gebundenen rhythmischen Bewegungsabläufen. Der Kompetenzbereich umfasst damit den kreativen Aspekt des Tanzens – die Bewegungsimprovisation und das darstellende Spiel –, aber auch festgelegte Tanzschritte.

Darstellendes Spiel

Grundschulkindern bereitet es kaum Probleme, darstellendes Spiel und Tanz miteinander zu verbinden. Übungen wie *Schleiche wie ein Tiger, Galoppiere wie ein Pferd* oder Gefühle wie Fröhlichkeit oder Traurigkeit auszudrücken, greifen sie spontan mit viel Freude und Fantasie auf.

Im darstellenden Spiel können die Kinder anders sein als sonst: leise, laut oder frech.

Das kann ein Gefühl von Freiheit geben und ihre Kreativität und ihre Vorstellungskraft anregen.

Wichtig dabei ist: Jedes Kind hat eine eigene individuelle Vorstellung von seiner darzustellenden Rolle, dabei gibt es kein gut oder schlecht, kein richtig oder falsch.

Gebundene Tanzformen

Die Kinder lernen festgelegte Schritte, die sie in Partner-, Kreis- oder Reihentänzen ausführen. Der Tanz wird aber nicht auf die zu erlernenden Schritte reduziert, da sich die Schrittkombinationen auch aus dem Thema des jeweiligen Tanzes ergeben. Dadurch werden

[1] Wir sprechen hier wegen der besseren Lesbarkeit von Schülern bzw. Lehrern in der verallgemeinerten Form. Selbstverständlich sind auch alle Schülerinnen und Lehrerinnen gemeint.

die Kinder zusätzlich in ihren Ausdrucksmöglichkeiten und in ihren Darstellungsfähigkeiten gefordert.

Bedeutung des Tanzes für die Entwicklung der Kinder

Das Tanzen bietet ein großes Potenzial an Entwicklungsmöglichkeiten für Kinder. Es schult das Rhythmusgefühl, die Koordination, das Gleichgewicht und die Beweglichkeit. Die sich zu merkenden Bewegungsabläufe verlangen den Kindern gleichzeitig ein gewisses Maß an Konzentration ab. Das Tanzen stärkt den gesamten Bewegungsapparat und die eigene Körperwahrnehmung.

Nicht zu unterschätzen ist auch der Aspekt des sozialen Miteinanders. Ohne die einzelnen Gruppenmitglieder und ohne Rücksicht auf andere, kann eine Tanzgestaltung im Gemeinschaftsprojekt nicht entstehen. Durch diese Gruppenzugehörigkeit wachsen auch schüchterne Kinder über sich hinaus und sind stolz auf ihre Tanzpräsentationen. Somit kann der Tanz eine positive Auswirkung auf das Selbstbewusstsein haben.

Wichtig hierfür ist, dass der Lehrer sowohl den Mädchen als auch den Jungen bei der Auswahl der Tanzgestaltung gerecht wird. Dafür gibt es keine Regeln, aber es sollten die Stimmungen/Vorlieben der Schüler ausgelotet werden.

Nutzung der vorliegenden Materialien

Die Tänze können in wenigen Unterrichtsstunden mit den Schülern eingeübt werden. Im Vorfeld sollte sich der Lehrer die Lieder auf der beiliegenden CD anhören und deren Abläufe verinnerlichen.

Für die konkrete Umsetzung einer der Tanzgestaltungen benötigt der Lehrer:

- das jeweilige Lied auf CD
- den Liedtext
- die Tanzbeschreibung
- dazugehörige Kopiervorlagen mit Illustrationen zur Tanzbeschreibung
- mögliche Kostüme und Requisiten

Zum besseren Verständnis ist der Liedtext in den Tanzbeschreibungen fett gedruckt. Die Legende gibt eine Übersicht über sich wiederholende Bewegungen und Aufstellungen und die Illustrationen zur Tanzgestaltung sind eine gute Orientierung für die Schüler. Die Illustrationen können auch als Anregung dienen, eigene Bewegungsideen zu entwickeln.

Für fachfremde Lehrer ist eine Kooperation mit einem Musiklehrer sicherlich eine gute Hilfe. Dieser kann dann einzelne Passagen der Tanzgestaltung mit den Schülern einüben und an der einen oder anderen Stelle aushelfen.

Alle Tanzgestaltungen können bei mittlerer Klassengröße auf einer Bühne/Tanzfläche von 6 m x 3 m präsentiert werden.

Vorgehensweise/Methodik

- Das jeweilige Lied wird gemeinsam im Sitzkreis angehört. Zusammen werden Gesangsteile, instrumentale Teile, einzelne Strophen und der Refrain herausgehört. Die Schüler können die Teile des Liedes mit verschiedenen Handzeichen andeuten. Es sollte auch über den Inhalt des Liedes gesprochen werden. Was passiert? Kommen Tiere und Personen im Liedtext vor? Wovon handelt der Text?
- Den Rhythmus des Liedes klatschen und im Rhythmus frei durch den Raum gehen: Der Lehrer macht es vor.

- Einzelne Tanzabschnitte des Liedes werden in der jeweiligen Aufstellung gesondert geübt, zunächst ohne Musik, dann mit Musik. Der Lehrer tanzt immer mit, damit die Schüler sich an ihm orientieren können. So kommen auch Kinder mit, die Schwierigkeiten haben, im Rhythmus zu bleiben. Es werden dabei keine Schritte gezählt.
- Beinhaltet die Tanzaufstellung Gruppenkreise, sollte ausprobiert werden, wie viele Schüler in einem Kreis gehen können. Der Kreis sollte als solcher noch zu erkennen sein, bei Musikbeginn sollten die Kinder zügig losgehen können und ein möglicher Richtungswechsel muss ohne Stolpern möglich sein. Mit acht Kindern pro Kreis gelingt das meistens gut. Der Lehrer tanzt abwechselnd in den jeweiligen Kreisen mit. So können alle Kinder den Rhythmus aufnehmen.
- Das Auflösen der Kreisformen, das Durcheinanderlaufen und auf ein Zeichen des Lehrers wieder in den Kreis zusammenfinden, ist eine wichtige Übung, die am besten mehrere Male geübt wird. Für den Lehrer und auch für die Schüler ist das Notieren der Namen der Kinder in den unterschiedlichen Aufstellungen hilfreich.
- Darstellendes Spiel mit einbringen: Hier braucht der Lehrer nur Impulse geben. Die Kinder können eigene Ideen und ihre Fantasie einbringen (s. Seite 4).
- Zum Schluss kann der ganze Tanz geübt werden. Hier empfiehlt es sich auch, die einzelnen Abschnitte nach und nach zusammenzufügen.

Hinweise zur Aufführung

Die Tänze sollten zunächst in der Turnhalle (mit viel Platz) geübt werden. Wenn die Schüler sicher sind, wird ein Tanzbereich in der Turnhalle markiert und in diesem geübt. Der Bereich sollte der Größe der Tanzfläche für die Aufführung entsprechen. Vor dem Auftritt der Kinder sollte eine Generalprobe am Aufführungsort stattfinden.

Titel-Nr.	Name	Schwierigkeitsgrad
1	Es schneit	★★★
2	Ein Schneemannslied	★★
3	Auf dem Weihnachtsmarkt	★★
4	Lasst uns froh und munter sein	★★
5	Lieber guter Weihnachtsmann	★★
6	Schneeflöckchen, Weißröckchen	★
7	Weihnachtszeit	★★

Legende

Tänzer/in
(die Spitze markiert die Nase) >

Paarkreis

Tänzer/in
geht einen kleinen Kreis 

Päckchen 

Tanzrichtung 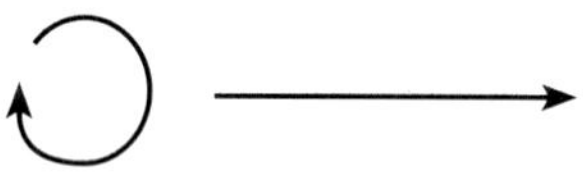

Schlafhaltung

Armkreis (Schwimmbewegungen nach oben)

umrunden 

Ausfallschritt

verpennt

Innenstirnkreis 

Pulk 

halber Kniestand 

einhaken 

Es schneit – Liedtext

Es schneit! Es schneit!
Kommt alle aus dem Haus!
Die Welt, die Welt
sieht wie gepudert aus.
Es schneit! Es schneit!
Das müsst ihr einfach sehn!
Kommt mit! Kommt mit!
Wir wollen rodeln gehn.

Strophe 1
Wir laufen durch die weiße Pracht
und machen eine Schneeballschlacht,
aber bitte nicht mitten ins Gesicht!

Refrain
Es schneit! Es schneit!
Kommt alle aus dem Haus!
Die Welt, die Welt
sieht wie gepudert aus.
Es schneit! Es schneit!
Das müsst ihr einfach sehn!
Kommt mit! Kommt mit!
Wir wollen rodeln gehn.

Strophe 2
Wir holen unsre Schlitten raus
und laufen in den Wald hinaus,
und dann bauen wir den Schneemann vor der Tür.

Refrain
Es schneit! Es schneit ...

Strophe 2
Aus grau wird weiß,
aus laut wird leis,
die Welt wird zugedeckt,
und von der Frühlingssonne
wird sie wieder aufgeweckt.

Refrain
Es schneit! Es schneit ...

Es schneit – Tanzbeschreibung

Musik und Text: Rolf Zuckowski

Kostümvorschlag: Schals, Mützen

Requisiten: evtl. Schlitten, Pappschneemann

Klasse/Kinder: Klasse 4, beliebig viele Kinder

Einstieg:

gemeinsames Anhören des Liedes und Besprechen des Inhalts, Markierung der Tanzfläche, Illustrationen verteilen

Tanz:

Vorspiel/Intro:

Die Kinder laufen von den Seiten (siehe Bühnenbild) in ihre Ausgangsposition.

Refrain:

Liedtext: ***Es schneit! Es schneit!***
Kommt alle aus dem Haus!
Die Welt, die Welt
sieht wie gepudert aus.
Es schneit! Es schneit!
Das müsst ihr einfach sehn!
Kommt mit! Kommt mit!
Wir wollen rodeln gehn.

Die Kinder laufen im Hopserlauf um einen aufgeklebten Punkt auf der Tanzfläche. Alternativ bilden sie einen Innenstirnkreis mit Handfassung und machen dabei Hüpf- oder Gehschritte.

Die Kinder auf den Schlitten bewegen ihre Arme im Rhythmus der Musik.

Zwei Kinder vervollständigen den Pappschneemann, indem sie eine schon vorgefertigte Nase und Augen aufkleben (z. B. aus Knöpfen mit Klebeband).

Strophe 1:

Liedtext: ***Wir laufen durch die weiße Pracht und machen eine Schneeballschlacht, aber bitte nicht mitten ins Gesicht!***

Die Kinder laufen los und stellen sich in zwei gegenüberstehende Gruppen auf. Dann werfen sie sich Schneebälle (aus zusammengeknüddeltem Papiertaschentüchern) zu, die sie vorher am besten in ihre Hosentaschen gesteckt haben. Das Papier bleibt dann auf der Bühne liegen.

Refrain:

Liedtext: ***Es schneit! Es schneit!***

Die Kinder strecken die Arme zweimal nach oben.

Liedtext: ***Kommt alle aus dem Haus!***

Die Kinder drehen sich zum Publikum und machen eine Geste, die ein Heranwinken darstellen soll.

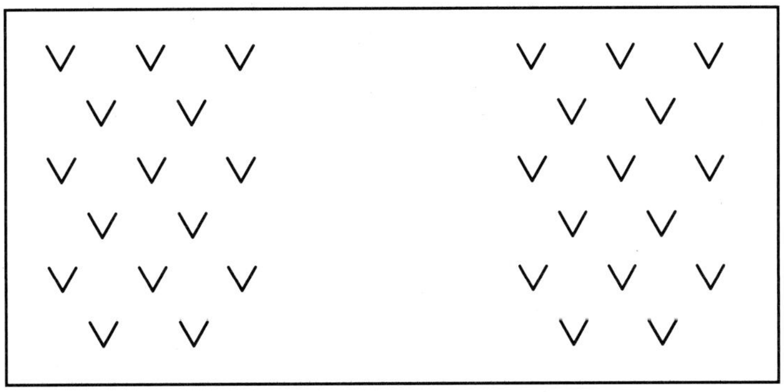

Liedtext: ***Die Welt, die Welt sieht wie gepudert aus.***

Die Kinder machen einen Armkreis.

Liedtext: ***Es schneit! Es schneit!***

Die Kinder strecken die Arme zweimal nach oben.

Liedtext: ***Das müsst ihr einfach sehn!***

Die Kinder machen einen Ausfallschritt.
Dabei legen sie eine Hand an die Stirn und gucken in die Ferne.

Liedtext: ***Kommt mit! Kommt mit! Wir wollen rodeln gehn.***

Die Kinder richten sich wieder auf und machen noch mal eine Geste des Heranwinkens.

Strophe 2:

Liedtext: ***Wir holen unsre Schlitten raus und laufen in den Wald hinaus, und dann bauen wir den Schneemann vor der Tür.***

Die Kinder laufen in die Anfangsaufstellung (siehe Bühnenbild).

Refrain:

Liedtext: ***Es schneit! ...***

Die Kinder machen das Gleiche wie ganz zu Anfang (siehe Seite 10).

Strophe 3:

Liedtext: ***Aus grau wird weiß, aus laut wird leis, die Welt wird zugedeckt ...***

Die Kinder setzen sich ganz langsam in die Päckchenhaltung.

Liedtext: ***... und von der Frühlingssonne wird sie wieder aufgeweckt.***

Die Kinder kommen langsam mit dem Oberkörper hoch, bewegen die Arme in langsamen, fließenden Bewegungen und richten sich langsam zum Stand auf.

Refrain:

Liedtext: ***Es schneit! ...***

Die Kinder machen kleine Seithüpfer am Platz und schwingen dabei ihre Arme über den Kopf.

Schluss:

Liedtext: ***Es schneit! Es schneit! Es schneit!***

Die Kinder „versteinern“ nacheinander (am besten legt der Lehrer die Reihenfolge vorher fest) in der Schlussaufstellung.

Die Schlussaufstellung kann sich der Lehrer gemeinsam mit den Kindern ausdenken.

Die vorliegenden Illustrationen können Anregungen dafür sein.

Ein Schneemannslied – Liedtext

Strophe 1
Bei uns lebt jetzt ein Schneemann
in unserm trauten Heim.
Draußen war es ihm zu kalt,
da holten wir ihn rein.
Erst isst er mit uns Abendbrot,
dann bringt er uns zu Bett.
Nachts schläft er im Kühlschrank,
so schmilzt er uns nicht weg.

Refrain
Und wenn er morgens wach wird,
singt er sein Schneemannslied:
Drei Kugeln aus Schnee,
einen Hut obendrauf,
ne Karotte als Nase,
zwei Arme hab ich auch.
Drei Kugeln aus Schnee
und zwei Augen im Gesicht,
einen Besen in der Hand,
doch fegen kann ich nicht.

Strophe 2
Wir feiern eine Party,
der Schneemann tanzt im Kreis,
wild durchs Kinderzimmer,
dann wird es ihm zu heiß.
Abends spieln wir Fußball,
der Schneemann steht im Tor.
Danach nimmt er sich ein Buch
und liest uns etwas vor.

Refrain (2x)
Und wenn er morgens wach wird,
singt er sein Schneemannslied:
Drei Kugeln aus Schnee,
einem Hut obendrauf,
ne Karotte als Nase,
zwei Arme hab ich auch.
Drei Kugeln aus Schnee
und zwei Augen im Gesicht,
einen Besen in der Hand,
doch fegen kann ich nicht.

Musik und Text: Markus Schürjann, MS Urmel, Dieter Moskanne

Kostümvorschlag: Wintermützen, Schals

Klasse/Kinder: Klasse 1–2, beliebig viele Kinder

Einstieg:

gemeinsames Anhören des Liedes und Besprechen des Inhalts, Markierung der Tanzfläche, Illustrationen verteilen, im Takt gehen, Tanzpartner festlegen (bei ungerader Anzahl der Kinder kann es Dreiergruppen geben)

Tanz:

Vorspiel/Intro

Die Kinder kommen von verschiedenen Seiten auf die Tanzfläche und stellen sich auf:

Strophe 1:

Liedtext: ***Bei uns lebt jetzt ein Schneemann***
in unserm trauten Heim.
Draußen war es ihm zu kalt,
da holten wir ihn rein.
Erst isst er mit uns Abendbrot,
dann bringt er uns zu Bett.
Nachts schläft er im Kühlschrank,
so schmilzt er uns nicht weg.

Die Kinder laufen im Paarkreis, mit oder ohne Richtungswechsel.

Zwischenspiel:

Liedtext: ***Und wenn er morgens wach wird,***
singt er sein Schneemannslied:

Die Kinder machen einen Armkreis vor dem Körper.

Refrain:

Liedtext: ***Drei Kugeln aus Schnee,***
einen Hut obendrauf,
ne Karotte als Nase,
zwei Arme hab ich auch.

Die Kinder stehen immer noch im Paarkreis.
Es geht jeweils ein Kind in die Hocke, das andere umrundet ihn in einem großzügigen Kreis.

Ist es eine Dreiergruppe, gehen zwei Kinder um das hockende Kind herum.

Liedtext: ***Drei Kugeln aus Schnee***
und zwei Augen im Gesicht,
einen Besen in der Hand,
doch fegen kann ich nicht.

Die Kinder tauschen die Positionen. Das jeweilige Kind, das in der Hocke saß, umrundet seinen Partner nun in einem großzügigen Kreis.

Instrumentales Zwischenspiel:

Die Kinder kommen wieder in die Anfangsaufstellung zurück (s. Vorspiel/Intro).

Strophe 2:

Liedtext: ***Wir feiern eine Party,***
der Schneemann tanzt im Kreis,
wild durchs Kinderzimmer,
dann wird es ihm zu heiß.
Abends spieln wir Fußball,
der Schneemann steht im Tor.
Danach nimmt er sich ein Buch
und liest uns etwas vor.

Die Kinder laufen im Paarkreis, mit oder ohne Richtungswechsel.

Zwischenspiel:

Liedtext: ***Und wenn er morgens wach wird, singt er sein Schneemannslied:***

Die Kinder machen einen Armkreis vor dem Körper.

Refrain:

Liedtext: ***Drei Kugeln aus Schnee,***
einen Hut obendrauf,
ne Karotte als Nase,
zwei Arme hab ich auch.

Die Kinder stehen immer noch im Paarkreis. Es geht jeweils ein Kind in die Hocke, das andere umrundet ihn in einem großzügigen Kreis.

Ist es eine Dreiergruppe, gehen zwei Kinder um das hockende Kind herum.

Liedtext: ***Drei Kugeln aus Schnee***
und zwei Augen im Gesicht,
einen Besen in der Hand,
doch fegen kann ich nicht.

Die Kinder stellen sich nebeneinander an den hinteren Rand der Tanzfläche. Dann gehen sie winkend zum vorderen Rand der Tanzfläche und stehen wieder alle in einer Reihe.

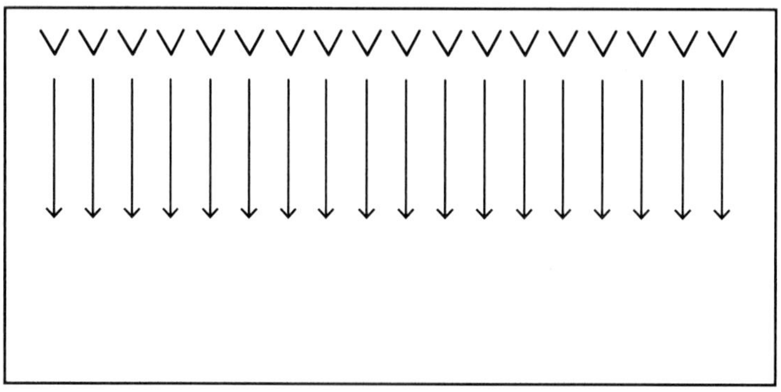

Instrumentales Nachspiel:

Jedes Kind geht einen Kreis um sich selbst.

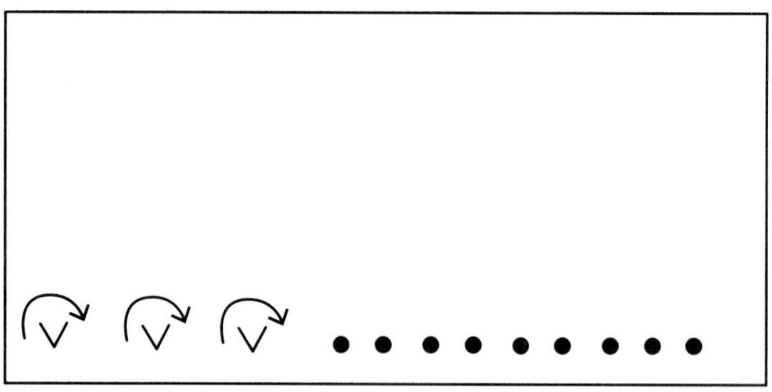

Die Schlussaufstellung kann sich der Lehrer gemeinsam mit den Kindern ausdenken.

Die vorliegenden Illustrationen können Anregungen dafür sein.

Auf dem Weihnachtsmarkt – Liedtext

Auf dem Weihnachtsmarkt
steht ein altes Karussell
mit bunt bemalten Tieren,
die sind nicht mehr so schnell.
Langsam ziehn sie ihre Kreise,
jedes träumt auf seine Weise.

Strophe 1
Der Hirsch denkt an Lichter und Kerzenschein.
Ach, könnte er geschmückt wie eine Tanne sein!
Und in seinem schönsten Traum
leuchtet sein Geweih wie ein Weihnachtsbaum.

Refrain
Auf dem Weihnachtsmarkt
steht ein altes Karussell
mit bunt bemalten Tieren,
die sind nicht mehr so schnell.
Langsam ziehn sie ihre Kreise,
jedes träumt auf seine Weise.

Strophe 2
Der Löwe ist zahm,
doch wer glaubt das schon.
Spaziert er frei umher,
läuft jeder gleich davon.
Wenn er sanfte Träume hat,
tanzt er mit den Schafen im Walzertakt.

Refrain
Auf dem Weihnachtsmarkt …

Strophe 3
Ach, wäre ich klein,
denkt der Elefant,
und schon läuft er als Winzling
durch das Träumeland.
Klettert übers Fensterbrett,
träumt gemütlich weiter im Puppenbett.

Refrain
Auf dem Weihnachtsmarkt …

Strophe 4
Und oft bleiben hier viele Kinder stehn,
um mit dem Karussell die nächste Tour zu drehn.
Träumen sicher auch etwas,
wissen ja, die Tiere verstehen das.

Refrain
Auf dem Weihnachtsmarkt …

Auf dem Weihnachtsmarkt – Tanzbeschreibung

Musik und Text: Reinhard Horn und Susanne Brandt

Kostümvorschlag: Tiermasken

Klasse/Kinder: Klasse 1–3, beliebig viele Kinder

Einstieg:

gemeinsames Anhören des Liedes und Besprechen des Inhalts, Markierung der Tanzfläche, Illustrationen verteilen

Die Kinder bilden Innenstirnkreise. Es sollten nicht zu viele Kinder in einem Kreis stehen, da es dann schwierig ist, gemeinsam loszugehen, den Rhythmus zu halten und einen Richtungswechsel zu vollziehen. Diese Aufstellung sollte in Bewegung mehrere Male zum Refrain geübt werden.

Tanz:

Vorspiel/Intro

Die Kinder warten in der Aufstellung. Je nach Größe der Gruppe warten einige Kinder am Rand der Tanzfläche.

Die Kinder mit den Tiermasken stehen im inneren Kreis, die anderen Kinder stehen im äußeren Kreis.

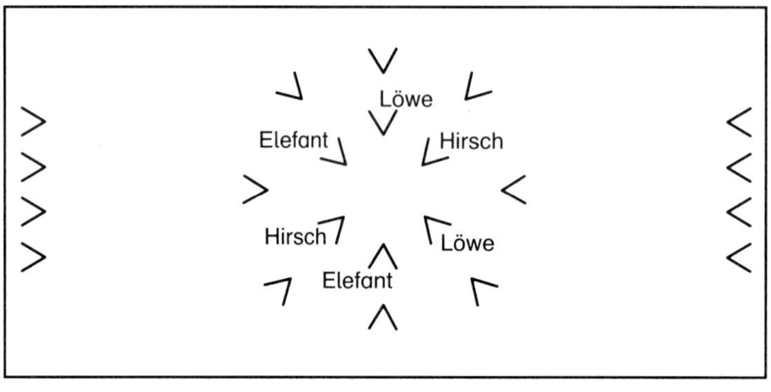

Liedtext: ***Auf dem Weihnachtsmarkt steht ein altes Karussell mit bunt bemalten Tieren, die sind nicht mehr so schnell.***

Die Kinder gehen im Rhythmus im Kreis. Die Kreise bewegen sich in entgegengesetzte Richtungen.

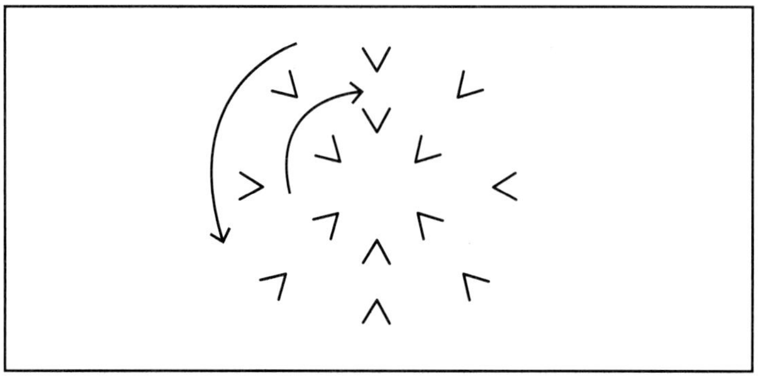

Liedtext: ***Langsam ziehn sie ihre Kreise, jedes träumt auf seine Weise.***

Die Kinder mit den Tiermasken gehen langsam weiter (jeweils nur einen Schritt auf zwei Zählzeiten), die anderen Kinder gehen nach und nach in die Hocke.

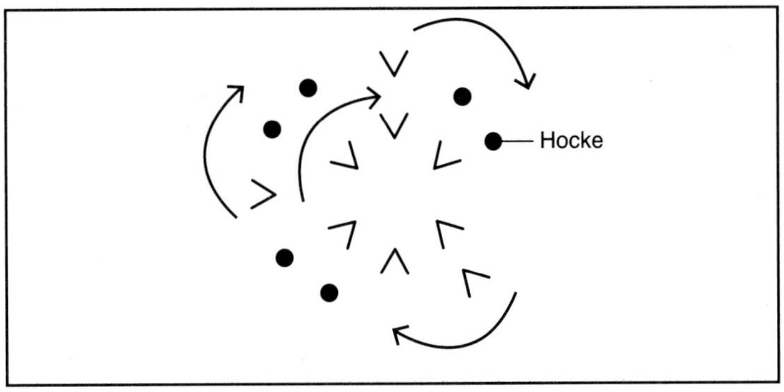

Strophe 1:

Liedtext: ***Der Hirsch denkt an Lichter und Kerzenschein. Ach, könnte er geschmückt wie eine Tanne sein! Und in seinem schönsten Traum leuchtet sein Geweih wie ein Weihnachtsbaum.***

Jetzt gehen auch die Kinder mit den Tiermasken in die Hocke. Nur der Hirsch geht langsam kreuz und quer über die Tanzfläche und reiht sich dann wieder ein.

Refrain:

Liedtext: ***Auf dem Weihnachtsmarkt steht ein altes Karussell mit bunt bemalten Tieren, die sind nicht mehr so schnell.***

Die Kinder gehen im Rhythmus im Kreis. Die Kreise bewegen sich in entgegengesetzte Richtungen.

Liedtext: ***Langsam ziehn sie ihre Kreise, jedes träumt auf seine Weise.***

Die Kinder mit den Tiermasken gehen langsam weiter (jeweils nur einen Schritt auf zwei Zählzeiten), die anderen Kinder gehen in die Hocke.

Strophe 2:

Liedtext: ***Der Löwe ist zahm, doch wer glaubt das schon. Spaziert er frei umher, läuft jeder gleich davon. Wenn er sanfte Träume hat, tanzt er mit den Schafen im Walzertakt.***

Jetzt gehen auch die Kinder mit den Tiermasken in die Hocke. Nur der Löwe geht langsam kreuz und quer über die Tanzfläche und reiht sich dann wieder ein.

Refrain:

Liedtext: ***Auf dem Weihnachtsmarkt steht ein altes Karussell mit bunt bemalten Tieren, die sind nicht mehr so schnell.***

Auf dem Weihnachtsmarkt – Tanzbeschreibung

Die Kinder gehen im Rhythmus im Kreis. Die Kreise bewegen sich in entgegengesetzte Richtungen.

Liedtext: ***Langsam ziehn sie ihre Kreise, jedes träumt auf seine Weise.***

Die Kinder mit den Tiermasken gehen langsam weiter (jeweils nur einen Schritt auf zwei Zählzeiten), die anderen Kinder gehen in die Hocke.

Strophe 3:

Liedtext: ***Ach, wäre ich klein, denkt der Elefant, und schon läuft er als Winzling durch das Träumeland. Klettert übers Fensterbrett, träumt gemütlich weiter im Puppenbett.***

Jetzt gehen auch die Kinder mit den Tiermasken in die Hocke. Nur der Elefant geht langsam kreuz und quer über die Tanzfläche und reiht sich dann wieder ein.

Refrain:

Liedtext: ***Auf dem Weihnachtsmarkt steht ein altes Karussell mit bunt bemalten Tieren, die sind nicht mehr so schnell.***

Die Kinder gehen im Rhythmus im Kreis. Die Kreise bewegen sich in entgegengesetzte Richtungen.

Liedtext: ***Langsam ziehn sie ihre Kreise, jedes träumt auf seine Weise.***

Die Kinder mit den Tiermasken gehen langsam weiter (jeweils nur einen Schritt auf zwei Zählzeiten), die anderen Kinder gehen in die Hocke.

Strophe 4:

Liedtext: ***Und oft bleiben hier viele Kinder stehn, um mit dem Karussell die nächste Tour zu drehn. Träumen sicher auch etwas, wissen ja, die Tiere verstehen das.***

Alle gehen in die Hocke. Die Kinder am Rand der Tanzfläche kommen langsam zu den Tieren in den Kreis. Vorher gehen sie im Rhythmus kreuz und quer durch die Kreise durch.

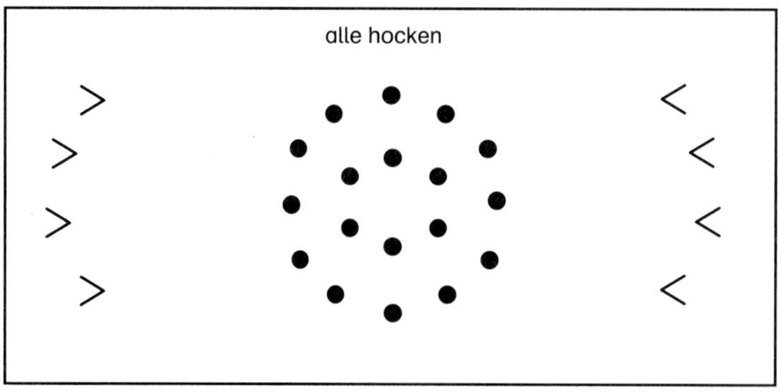

Auf dem Weihnachtsmarkt – Tanzbeschreibung

Refrain:

Liedtext: ***Auf dem Weihnachtsmarkt steht ein altes Karussell mit bunt bemalten Tieren, die sind nicht mehr so schnell.***

Die Kinder gehen im Rhythmus im Kreis. Die Kreise bewegen sich in entgegengesetzte Richtungen.

Liedtext: ***Langsam ziehn sie ihre Kreise, jedes träumt auf seine Weise.***

Die Kinder mit den Tiermasken gehen langsam weiter (jeweils nur einen Schritt auf zwei Zählzeiten), die anderen Kinder gehen in die Hocke.

Kurze Pause vor dem instrumentalen Nachspiel:

Alle Kinder bleiben stehen.

Instrumentales Nachspiel:

Alle Kinder gehen weiter. Ganz zum Schluss bleiben alle stehen und nehmen die Arme hoch.

Lasst uns froh und munter sein – Liedtext

Strophe 1
Lasst uns froh und munter sein
und uns recht von Herzen freun.

Refrain
Lustig, lustig, tralalalala,
bald ist Niklausabend da.
Bald ist Niklausabend da.

Zwischenspiel

Strophe 2
Dann stell ich den Teller auf,
Niklaus legt gewiss was drauf.

Refrain
Lustig, lustig, tralalalala,
bald ist Niklausabend da.
Bald ist Niklausabend da.

Strophe 3
Wenn ich schlaf, dann träume ich,
jetzt bringt Niklaus was für mich.

Refrain
Lustig, lustig, tralalalala …

Strophe 4
Wenn ich aufgestanden bin,
lauf ich schnell zum Teller hin.

Refrain
Lustig, lustig, tralalalala …

Strophe 5
Niklaus ist ein guter Mann,
dem man nicht g'nug danken kann.

Refrain
Lustig, lustig, tralalala,
nun war Niklausabend da.
Nun war Niklausabend da!

Lasst uns froh und munter sein – Tanzbeschreibung

Musik: Rolf Zuckowski

Kostümvorschlag: Nikolausmützen

Requisiten: Pappteller

Klasse/Kinder: Klasse 1–3, beliebig viele Kinder

Einstieg:

gemeinsames Anhören des Liedes und Besprechen des Inhalts, Markierung der Tanzfläche, Illustrationen verteilen

Die Kinder bilden Innenstirnkreise mit Handfassung. Ein Kreis sollte höchsten aus acht Kindern bestehen. Der Lehrer tanzt mit und die Kinder orientieren sich an seinem vorgegebenen Rhythmus. Diese Übung sollte am besten mehrere Male durchgeführt werden.

Tanz:

Vorspiel/Intro:

Die Kinder kommen auf die Tanzfläche und bilden Innenstirnkreise mit Handfassung. Vorher platzieren sie die Pappteller am hinteren Rand der Tanzfläche.

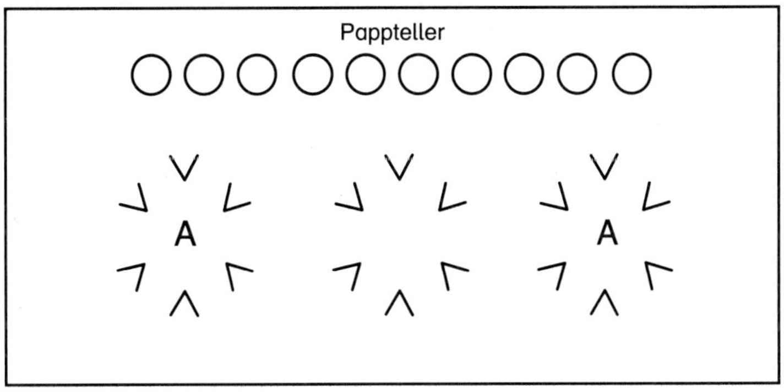

Strophe 1:

Liedtext: ***Lasst uns froh und munter sein und uns recht von Herzen freun.***

Die Kinder machen Laufschritte im Kreis.

Refrain:

Liedtext: ***Lustig, lustig, tralalalala***

Die Kinder bleiben stehen und klatschen.

Liedtext: ***... bald ist Niklausabend da, bald ist Niklausabend da.***

Die Kinder haken sich paarweise ein und machen Laufschritte im Kreis.

Zwischenspiel (instrumental):

Die Kinder aus den Kreisen A holen die Pappteller, die am Rand der Tanzfläche stehen. Die übrigen Kinder gehen im Rhythmus einen Kreis um sich selbst und setzen dabei beliebig die Arme ein.

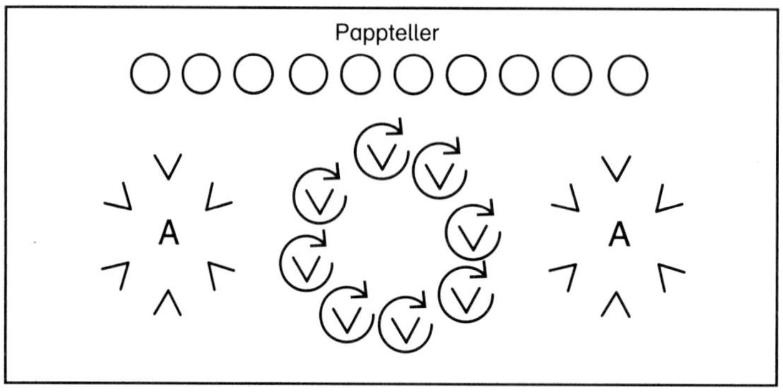

Strophe 2:

Liedtext: ***Dann stell ich den Teller auf, Niklaus legt gewiss was drauf.***

Die Kinder mit den Papptellern stellen diese an den vorderen Rand der Tanzfläche und gehen dann zurück in ihre Kreise. Die übrigen Kinder machen wieder Laufschritte im Kreis.

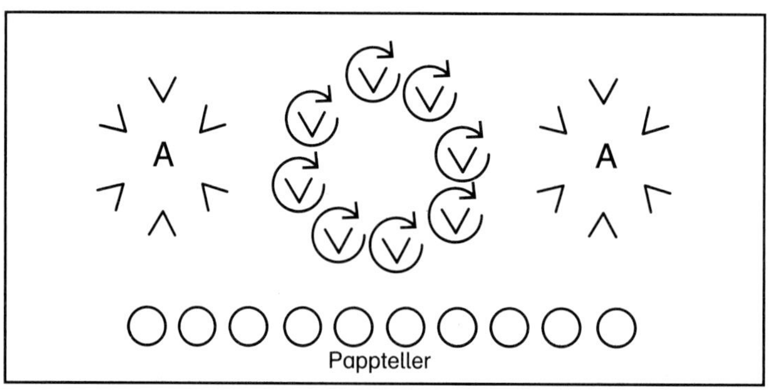

Refrain:

Liedtext: ***Lustig, lustig, tralalalala***

Die Kinder bleiben stehen und klatschen.

Liedtext: ***... bald ist Niklausabend da, bald ist Niklausabend da.***
Die Kinder haken sich paarweise ein und machen Laufschritte im Kreis.

Zwischenspiel (instrumental):

Die Kinder gehen einen Kreis um sich selbst und setzen dabei beliebig die Arme ein.

Strophe 3:

Liedtext: ***Wenn ich schlaf, dann träume ich,***
jetzt bringt Niklaus was für mich.
Die Kinder gehen in die Hocke und stellen dar,
dass sie schlafen.

Refrain:

Liedtext: ***Lustig, lustig, tralalalala***
Die Kinder bleiben stehen und klatschen.

Liedtext: ***... bald ist Niklausabend da, bald ist Niklausabend da.***
Die Kinder haken sich paarweise ein und machen Laufschritte im Kreis.

Zwischenspiel (instrumental):

Die Kinder gehen einen Kreis um sich selbst und setzen dabei beliebig die Arme ein.

Strophe 4:

Liedtext: ***Wenn ich aufgestanden bin, ...***
Die Kinder machen einen Armkreis.

Liedtext: ***... lauf ich schnell zum Teller hin,***
Die Kinder laufen zu den Papptellern.
Dabei bleiben sie am besten neben ihrem Partner,
neben dem sie im Kreis stehen.

Refrain:

Die Kinder tanzen die Abfolge zum Refrain (s. o.) mit ihrem Partner an der Stelle, an der sie nun stehen.

Zwischenspiel (instrumental):

Die Kinder gehen in die Anfangsstellung (s. o.)

Lasst uns froh und munter sein – Tanzbeschreibung

Strophe 4:

Liedtext: *Niklaus ist ein guter Mann, dem man nicht g'nug danken kann.*
Die Kinder machen Laufschritte im Kreis.

Refrain:

Liedtext: *Lustig, lustig, tralalalala*
Die Kinder bleiben stehen und klatschen.

Liedtext: *... nun war Niklausabend da, nun war Niklausabend da.*
Die Kinder haken sich paarweise ein und machen Laufschritte im Kreis. Auf das langgezogene „Abend da“ drehen sie sich nach vorne und nehmen die Arme nach oben.

Nachspiel (instrumental):

Die Kinder kommen in eine Schlussaufstellung.

Die Schlussaufstellung kann sich der Lehrer gemeinsam mit den Kindern ausdenken.

Die vorliegenden Illustrationen können Anregungen dafür sein.

Vorspiel/Intro
Oh, guckt mal, der Weihnachtsmann!
Wart ihr denn auch schön brav?
Ja, natürlich!
Und habt ihr denn auch ein Gedicht gelernt?
Nee.
Na, dann kann ich ja gleich weitergehn!
Nein, halt!
Dab, dab, dab, dab da dab.
Dab, dab, dab, dab da dab.

Strophe 1
Lieber guter Weihnachtsmann,
bitte bleib doch stehen.
Auch wenn du in Eile bist,
wir wolln erst was sehen.
Zeig mir nochmal dein Gesicht,
irgendetwas stimmt da nicht;
doch allmählich fang ich an,
alles zu verstehen.

Refrain
Was ist denn los?
Dab, dab, dab, dab da dab.
Was habt ihr bloß?
Dab, dab, dab, dab da dab.
Was ist denn los?
Dab, dab, dab, dab da dab.
Was habt ihr bloß?
Dab, dab, dab, dab da dab.

Strophe 2
Lieber guter Weihnachtsmann,
ich muss mich beschweren.
Könntest du mir bitte schön
jetzt mal was erklären?
Warum ist die Nase da
ganz genau wie bei Papa?
Auch die Augen sehn so aus,
als ob sie Papas wären.

Refrain
Ist ja allerhand.
Dab, dab, dab, dab da dab.
Ich bin erkannt.

Dab, dab, dab, dab da dab.
Ist ja allerhand.
Dab, dab, dab, dab da dab.
Ich bin erkannt.
Dab, dab, dab, dab da dab.

Strophe 3
Lieber guter Weihnachtsmann,
das ist nicht zum Lachen!
Wir solln lieb und artig sein,
und du machst solche Sachen.
Langsam wird es mir zu bunt,
das da ist doch Papas Mund!
Du denkst wohl, du kannst mit uns
solche Scherze machen?

Refrain
Hat keinen Zweck.
Dab, dab, dab, dab da dab.
Ich muss hier weg.
Dab, dab, dab, dab da dab.
Hat keinen Zweck.
Dab, dab, dab, dab da dab.
Ich muss hier weg.
Dab, dab, dab, dab da dab.

Strophe 4
Lieber guter Weihnachtsmann,
nein, du darfst nicht gehen.
Du siehst ja so traurig aus,
das mag ich nicht sehen.
So war das doch nicht gemeint,
dass am Ende einer weint!
Wir habn dich doch trotzdem lieb,
kannst du das nicht verstehen?

Refrain
Na ja, na ja,
dab, dab, dab, dab da dab.
dann bleib ich da.
dab, dab, dab, dab da dab.
Na ja, na ja,
dab, dab, dab, dab da dab.
dann bleib ich da.
dab, dab, dab, dab da dab.

Lieber guter Weihnachtsmann – Tanzbeschreibung

Musik und Text: Rolf Zuckowski

Kostümvorschlag: Weihnachtsmannkostüm, Schals, Mützen

Requisiten: evtl. Schlitten, Pappschneemann

Klasse/Kinder: Klasse 3–4, beliebig viele Kinder, gerade Anzahl

Einstieg:

Markierung der Tanzfläche, Illustrationen verteilen

Der Lehrer hört sich das Lied gemeinsam mit den Kindern an. Es wird besprochen, was im Lied zu hören ist, von wem es handelt und was konkret passiert.

Der darauffolgende Tanz besteht überwiegend aus Elementen des darstellenden Spiels. Die Kinder dürfen sich selbst spielen und können dabei frech und ausgelassen sein. Begleitend dazu gibt es aber auch festgelegte Tanzschritte und Bewegungsmuster, sodass insgesamt eine geschlossene Tanzgestaltung erkennbar ist.

Die Rolle des Weihnachtsmannes sollte eine erwachsene Person übernehmen. Während der Proben kann das der Lehrer sein.

Vorübungen:

Die Kinder bilden Innenstirnkreise mit Handfassungen. Ein Kreis sollte aus acht Kindern bestehen.

Der Lehrer befindet sich in der Mitte von einem der Kreise und macht Schritte (auf der Stelle laufen) in einem bestimmten Rhythmus. Alle Schüler sollen sich diesen Schritten anpassen und im Takt mitgehen.

Dann werden die Kreise aufgelöst, alle Kinder laufen durcheinander durch den Raum und finden sich danach wieder zu den Kreisen zusammen. Am besten hat jedes Kind einen festen Partner links und rechts von sich.

Tanz:

Vorspiel/Intro

Die Kinder spielen auf der Tanzfläche, alleine, zu zweit oder zu dritt. Sie stellen pantomimisch Spielsituationen dar, die zum Winter passen. Beispiele dafür wären: einen Schneemann bauen, eine Schneeballschlacht machen, eine Schlittenfahrt machen. Diese Spielsituationen sollten zuvor am besten genau mit den Kindern besprochen werden.

Bevor die Musik einsetzt, betritt der Weihnachtsmann die Tanzfläche. Die Kinder erblicken ihn und gehen langsam im Pulk auf ihn zu.

Dann setzt die Musik ein.

Text: ***Oh, guckt mal, der Weihnachtsmann!***
Die Kinder zeigen auf den Weihnachtsmann.

Text: ***Wart ihr denn schön brav?***
Der Weihnachtsmann beugt sich zu den Kindern herunter.

Text: ***Ja, natürlich!***
Die Kinder verschränken die Arme und nicken.

Text: ***Und habt ihr denn auch ein Gedicht gelernt?***

Text: ***Nee.***
Die Kinder machen einen Schritt auf den Weihnachtsmann zu und werden frech (z. B. lange Nase machen, zwinkern, die Zunge herausstrecken, Hände in die Hüften stemmen).

Text: ***Na, dann kann ich ja gleich weitergehn!***
Der Weihnachtsmann dreht sich um.

Text: ***Nein, halt!***
Die Kinder strecken ihre Arme nach dem Weihnachtsmann aus.

Liedtext: ***Dab, dab, dab, dab da dab …***
Die Kinder bilden einen Innenstirnkreis mit Handfassung um den Weihnachtsmann.

Strophe 1:

Liedtext: ***Lieber guter Weihnachtsmann, bitte bleib doch stehen. Auch wenn du in Eile bist, wir wolln erst was sehen.***
Die Kinder gehen nun im Innenstirnkreis um den Weihnachtsmann herum. Wenn aufgrund der hohen Anzahl von Kindern zwei Kreise gebildet werden müssen, gehen diese entgegengesetzt.

W = Weihnachtsmann

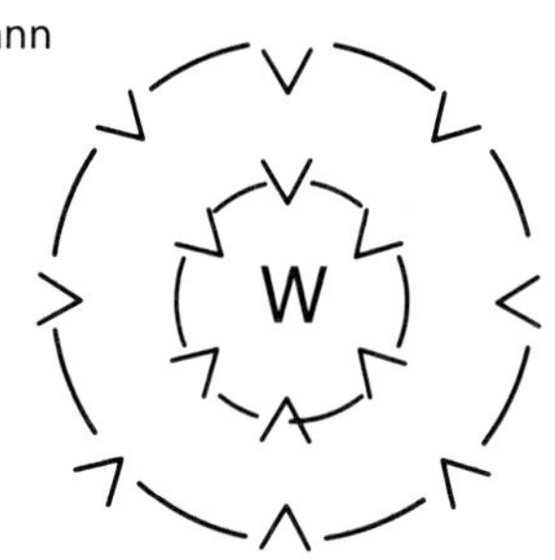

Liedtext: Zeig mir nochmal dein Gesicht.
Die Kinder gehen in den halben Kniestand und zeigen auf das Gesicht des Weihnachtsmannes

Liedtext: ***Irgendetwas stimmt da nicht; …***

Die Kinder richten sich wieder etwas auf, stützen ihre Hände auf die Knie und schütteln den Kopf.

Liedtext: ***… doch allmählich fang ich an, alles zu verstehen.***

Die Kinder richten sich langsam wieder ganz (zum Stehen) auf.

Refrain:

Liedtext: ***Was ist denn los?***
Dab, dab, dab, dab da dab.
Was habt ihr bloß?
Dab, dab, dab, dab da dab.
Was ist denn los?
Dab, dab, dab, dab da dab.
Was habt ihr bloß?
Dab, dab, dab, dab da dab.

Der Weihnachtsmann stellt pantomimisch die Fragen dar. Die Kinder schleichen in gebückter Haltung im Pulk um ihn herum.

Lieber guter Weihnachtsmann – Tanzbeschreibung

Der Text vom Refrain ist jedes Mal etwas abgewandelt, bleibt vom Aufbau her aber identisch, sodass dieses Tanzelement von den Kindern insgesamt viermal ausgeführt wird.

Strophe 2:

Liedtext: ***Lieber guter Weihnachtsmann, ich muss mich beschweren. Könntest du mir bitte schön jetzt mal was erklären.***

Die Kinder bleiben stehen, heben ihren Arm hoch (wie zum Melden) und „schimpfen“ im Takt.

Liedtext: ***Warum ist die Nase da ganz genau wie bei Papa?***

Die Kinder zeigen auf ihre eigene Nase.

Liedtext: ***Auch die Augen sehn so aus, als ob sie Papas wären.***

Die Kinder zeigen mit beiden Fingern auf ihre Augen.

Refrain:

siehe oben

Strophe 3:

Liedtext: ***Lieber guter Weihnachtsmann, das ist nicht zum Lachen! Wir solln lieb und artig sein und du machst solche Sachen.***

Die Kinder gehen im Innenstirnkreis mit Handfassung.

Liedtext: ***Langsam wird es mir zu bunt, das da ist doch Papas Mund!***

Die Kinder bleiben stehen und zeigen auf den Mund des Weihnachtsmannes.

Liedtext: ***Du denkst wohl, du kannst mit uns …***

Die Kinder gehen auf ihn zu.

Liedtext: ***… solche Scherze machen?***

Die Kinder gehen wieder zurück.

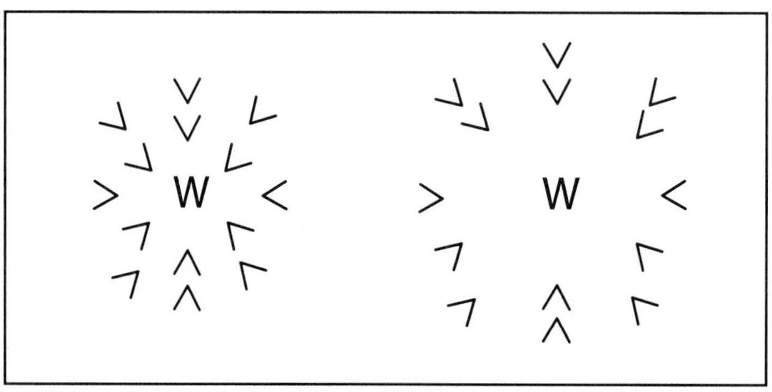

Refrain:

siehe oben (mit Abwandlung):

Liedtext: ***Hat keinen Zweck.***
Dab, dab, dab, dab da dab.
Ich muss hier weg.
Dab, dab, dab, dab da dab.

Der Weihnachtsmann geht aus dem Kreis heraus. Er geht im Rhythmus der Musik kreuz und quer über die Bühne. Die Kinder drücken pantomimisch eine traurige Stimmung aus und gucken ihm nach.

Strophe 4:

Liedtext: ***Lieber guter Weihnachtsmann, nein, du darfst nicht gehen. Du siehst ja so traurig aus, das mag ich nicht sehen. So war das doch nicht gemeint, dass am Ende einer weint! Wir habn dich doch trotzdem lieb, kannst du das nicht verstehen?***

Der Weihnachtsmann geht im Karree über die Tanzfläche. Die Kinder folgen ihn im Pulk.

Hier ist wichtig, den Rhythmus zu beachten.

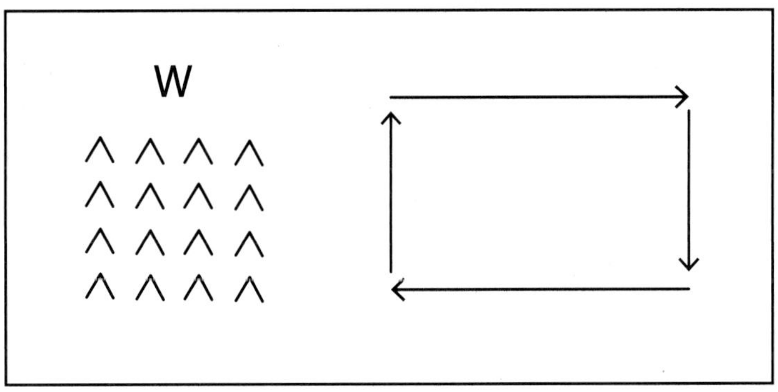

Refrain:

siehe oben (mit Abwandlung):

Liedtext: ***Na ja, na ja,***
dab, dab, dab, dab da dab.
Dann bleib ich da.
Dab, dab, dab, dab da dab.

Der Weihnachtsmann geht in die Mitte des Pulkes.
Die Kinder strecken die Arme nach oben und drücken Freude aus.

Strophe 1

Schneeflöckchen, Weißröckchen,
wann kommst du geschneit?
Du wohnst in den Wolken,
dein Weg ist so weit.

Strophe 2

Komm setzt dich ans Fenster,
du lieblicher Stern,
malst Blumen und Blätter,
wir haben dich gern.

Strophe 3

Schneeflöckchen, Weißröckchen,
komm zu uns ins Tal,
dann baun wir den Schneemann
und werfen den Ball.

Strophe 4

Schneeflöckchen, Weißröckchen,
deck die Blümelein zu,
dann schlafen sie sicher
in himmlischer Ruh.

Schneeflöckchen, Weißröckchen – Tanzbeschreibung

Musik: Rolf Zuckowski

Kostümvorschlag: weiße Kleidung

Klasse/Kinder: Klasse 1, beliebig viele Kinder

Einstieg:

gemeinsames Anhören des Liedes und Besprechen des Inhalts, Markierung der Tanzfläche, Illustrationen verteilen

Tanz:

Aufstellung:

Die Kinder bilden drei Innenstirnkreise mit Handfassung oder zwei Außen- und zwei Innenkreise, die sich entgegengesetzt bewegen.

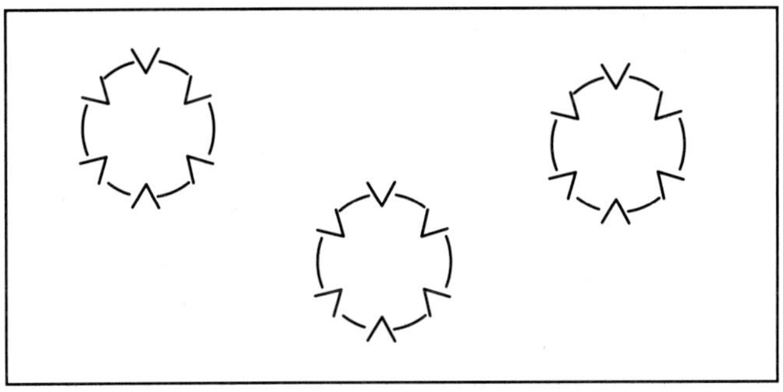

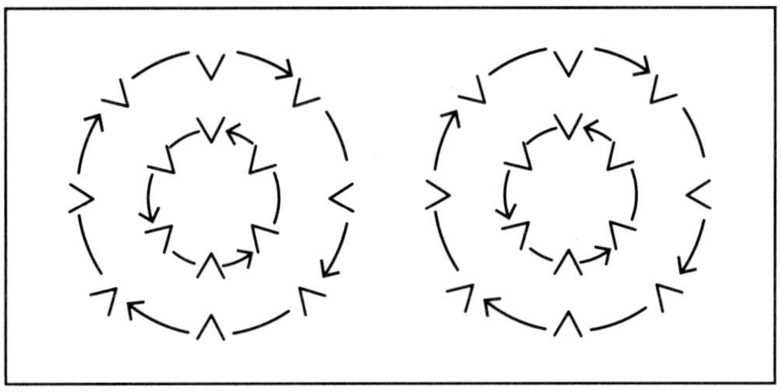

Vorspiel/Intro:

Die Kinder warten in der Aufstellung, bis der Gesang beginnt.

Strophe 1:

Liedtext: ***Schneeflöckchen, Weißröckchen, wann kommst du geschneit?***
Du wohnst in den Wolken, dein Weg ist so weit.

Die Kinder machen Gehschritte im Kreis.

Natürlich ist auch ein Richtungswechsel dabei möglich.

Zwischenspiel instrumental:

Die Kinder lösen die Handfassung, strecken die Arme nach oben und drehen sich langsam um die eigene Achse. Statt die Arme nach oben zu nehmen, können sie alternativ auch die Hände in die Hüfte stemmen.

Strophe 2:

Liedtext: ***Komm setzt dich ans Fenster, du lieblicher Stern, malst Blumen und Blätter, wir haben dich gern.***

Die Kinder machen Gehschritte im Kreis. Die zwei Kreise bewegen sich gegeneinander.

Natürlich ist auch ein Richtungswechsel dabei möglich.

Zwischenspiel instrumental:

Die Kinder wiederholen die Tanzabfolge von Strophe 2. Danach teilen sie sich in Dreier- oder Zweiergruppen auf.

Strophe 3:

Liedtext: ***Schneeflöckchen, Weißröckchen, komm zu uns ins Tal, dann baun wir den Schneemann und werfen den Ball.***

Die Kinder gehen mit ihrem Partner oder in den Gruppen im Kreis, mit Handfassung.

Zwischenspiel instrumental:

Die Kinder drehen sich um die eigene Achse.

Strophe 4:

Liedtext: ***Schneeflöckchen, Weißröckchen, deck die Blümelein zu, dann schlafen sie sicher, in himmlischer Ruh.***

Die Kinder gehen langsam in die Päckchenhaltung.
Dabei spreizen sie die Arme seitlich vom Körper ab.
Ihre Ausrichtung ist frontal zum Publikum.

Nachspiel instrumental:

Die Kinder verharren in dieser Position.

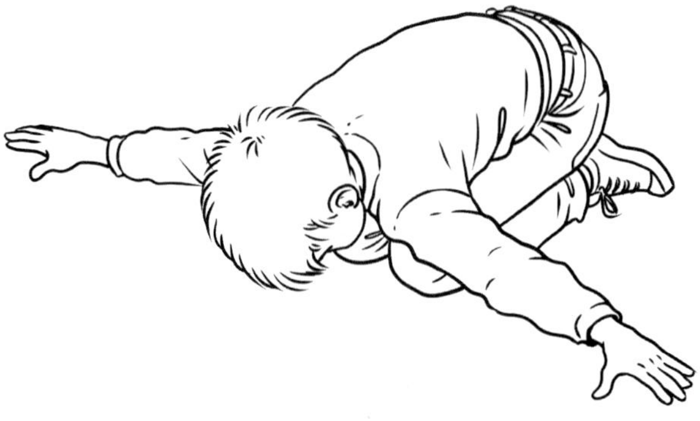

Vorspiel/Intro

Strophe 1
Engelschor und Kinderjubel,
alle Jahre wieder.
Weihnachtsmann im Einkaufstrubel
und die alten Lieder.
Spendenkonto, Hilfsaktionen,
Zeit der offnen Herzen.
Wünsche, Träume, Illusionen
und Millionen Kerzen.

Refrain
Weihnachtszeit, Weihnachtszeit,
macht euch für das Fest bereit!
Eins und zwei und drei und vier,
dann steht's vor der Tür.
Weihnachtszeit, Weihnachtszeit,
macht euch für das Fest bereit!
Wenn das fünfte Lichtlein brennt,
dann habt ihr's verpennt!

(instrumentaler Teil)

Strophe 2
Überall Geheimniskrämer,
alle Jahre wieder.
Gutgelaunte Unternehmer
und die alten Lieder.
Weihnachtspäckchen, Weihnachtskarten,
Zeit der offnen Herzen.
Viele, die vergebens warten
und Millionen Kerzen.

Refrain
Weihnachtszeit, Weihnachtszeit, ...

(instrumentaler Teil)

Strophe 3
Christbaumschmuck im Keller suchen,
alle Jahre wieder.
Weiße Weihnacht? Pustekuchen!
Und die alten Lieder.
Dunkle Nacht und helle Sterne,
Zeit der offnen Herzen.
Friedenshoffnung in der Ferne
und Millionen Kerzen.

Refrain
Weihnachtszeit, Weihnachtszeit,
macht euch für das Fest bereit!
Eins und zwei und drei und vier,
dann stehts vor der Tür.

Weihnachtszeit, Weihnachtszeit,
macht euch für das Fest bereit!
Wenn das fünfte Lichtlein brennt,

(Kuckuckgeräusch)

dann habt ihr's verpennt!

Musik und Text: Rolf Zuckowski

Kostümvorschlag: Weihnachtsmützen

Klasse/Kinder: Klasse 1–4, beliebig viele Kinder, gerade Anzahl

Einstieg:

Der Lehrer hört sich das Lied gemeinsam mit den Kindern an. Zusammen werden das Vorspiel/Intro, die einzelnen Strophen, der Refrain und die instrumentalen Teile des Liedes herausgehört. Als Einstimmung und Übung wird der Rhythmus mitgeklatscht.

Dann bilden die Kinder Innenstirnkreise mit Handfassung. Ein Kreis sollte höchstens aus acht Kindern bestehen. Jedes Kind sollte einen festen Partner neben sich haben, sodass die Kreisaufstellung immer gleich ist. Für den Lehrer ist es hilfreich, sich die Namen der Schüler auf die Kopiervorlagen zu notieren.

Tanz:

Vorspiel/Intro

Die Kinder kommen von verschiedenen Seiten auf die Tanzfläche und bilden Innenstirnkreise mit Handfassung. Dieser Auftakt wird zum Schluss dazugefügt und muss nicht jedes Mal geübt werden.

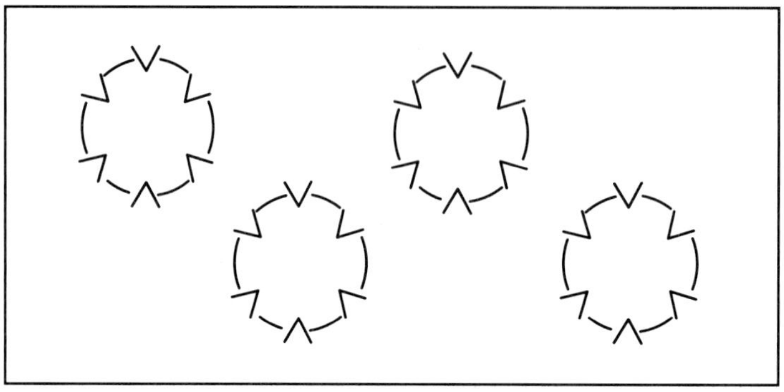

Strophe 1:

Liedtext: *Engelschor und Kinderjubel,*

Die Kinder gehen im Rhythmus im Kreis (Innenstirnkreis mit Handfassung).

Liedtext: *alle Jahre wieder.*

Die Kinder lösen die Handfassung, drehen sich einmal um die eigene Achse und fassen sich danach wieder an den Händen. Das machen sie insgesamt vier Mal und zwar an diesen Textstellen:

alle Jahre wieder
und die alten Lieder
Zeit der offnen Herzen
und Millionen Kerzen

Die Stellen sind im Lied sehr gut zu erkennen, da diese vom Kinderchor gesungen werden.

Am besten übt der Lehrer diese Abfolge mehrfach, da alle Strophen nach diesem Muster getanzt werden.

Refrain:

Liedtext: ***Weihnachtszeit, Weihnachtszeit, macht euch für das Fest bereit!***

Die Kinder klatschen im Rhythmus.

Liedtext: ***Eins und zwei und drei und vier, dann steht's vor der Tür.***

Die Kinder bilden mit ihrem festen Partner einen Paarkreis.

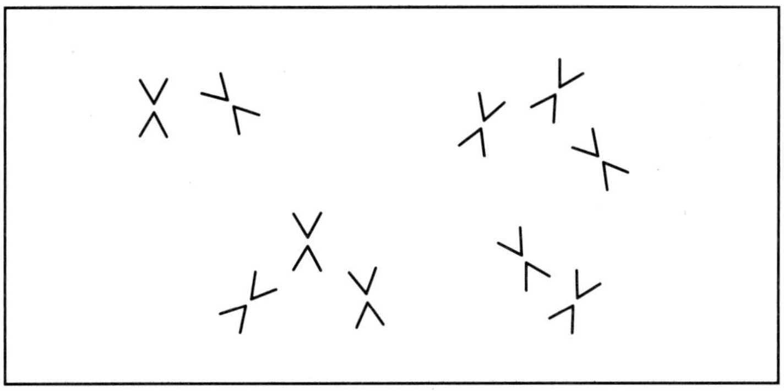

Liedtext: ***Weihnachtszeit, Weihnachtszeit, macht euch für das Fest bereit!***

Nun stehen die Kinder sich zu zweit gegenüber und klatschen im Rhythmus.

Liedtext: ***Wenn das fünfte Lichtlein brennt, dann habt ihr's verpennt!***

Ein Kind hüpft um seinen Partner herum. Ist das Wort *verpennt* zu hören, winkelt es die Arme an und neigt den Kopf zur Seite. Das machen alle Kinderpaare zusammen.

Instrumentaler Teil:

Alle Kinder hüpfen durcheinander.

Das Durcheinanderhüpfen und Wiederzusammenfinden in die Kreise sollte der Lehrer mehrere Male hintereinander üben.

Strophe 2:

Liedtext: ***Überall Geheimniskrämer***

Die Kinder gehen im Rhythmus im Kreis (Innenstirnkreis mit Handfassung).

Weihnachtszeit – Tanzbeschreibung

Liedtext: alle Jahre wieder

Die Kinder lösen die Handfassung, drehen sich einmal um die eigene Achse und fassen sich danach wieder an den Händen. Das machen sie insgesamt viermal und zwar an diesen Textstellen:

alle Jahre wieder
und die alten Lieder
Zeit der offnen Herzen
und Millionen Kerzen

Die Stellen sind im Lied sehr gut zu erkennen, da diese vom Kinderchor gesungen werden.

Am besten übt der Lehrer diese Abfolge mehrfach, da alle Strophen nach diesem Muster getanzt werden.

Refrain:

siehe oben

Strophe 3:

Liedtext: *Christbaumschmuck im Keller suchen*

Die Kinder gehen im Rhythmus im Kreis (Innenstirnkreis mit Handfassung).

Liedtext: *Alle Jahre wieder*

Die Kinder lösen die Handfassung, drehen sich einmal um die eigene Achse und fassen sich danach wieder an den Händen. Das machen sie insgesamt vier Mal und zwar an diesen Textstellen:

alle Jahre wieder
und die alten Lieder
Zeit der offnen Herzen
und Millionen Kerzen

Die Stellen sind im Lied sehr gut zu erkennen, da diese vom Kinderchor gesungen werden.

Am besten übt der Lehrer diese Abfolge mehrfach, da alle Strophen nach diesem Muster getanzt werden.

Refrain:

siehe oben

Ist das Kuckuckgeräusch zu hören, frieren die Kinder kurz in ihrer Bewegung ein und tanzen dann weiter wie oben beschrieben.

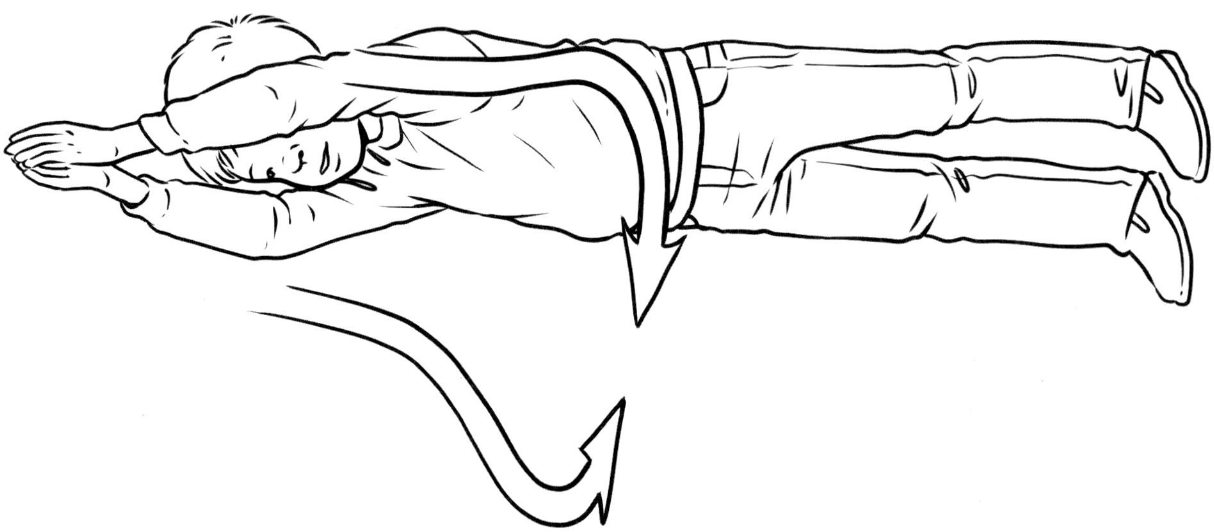

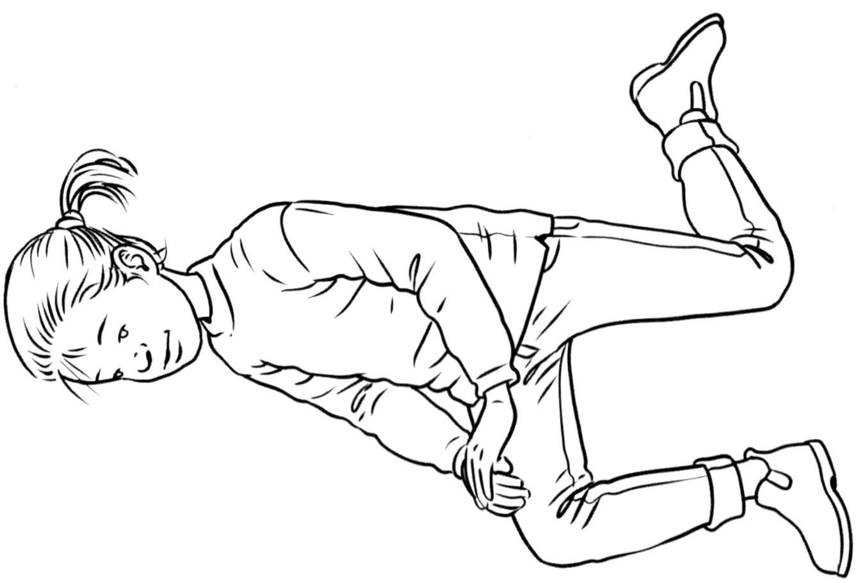

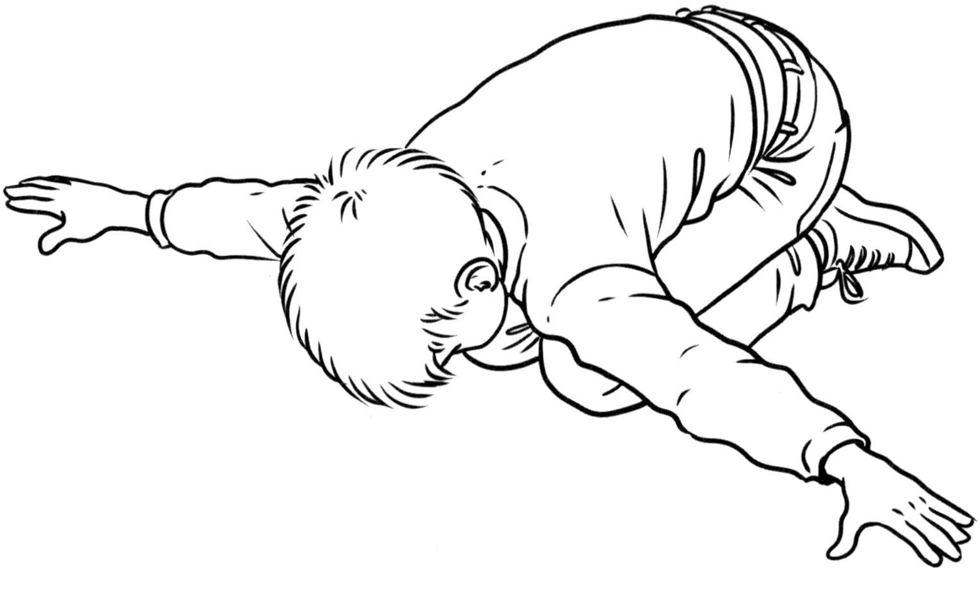

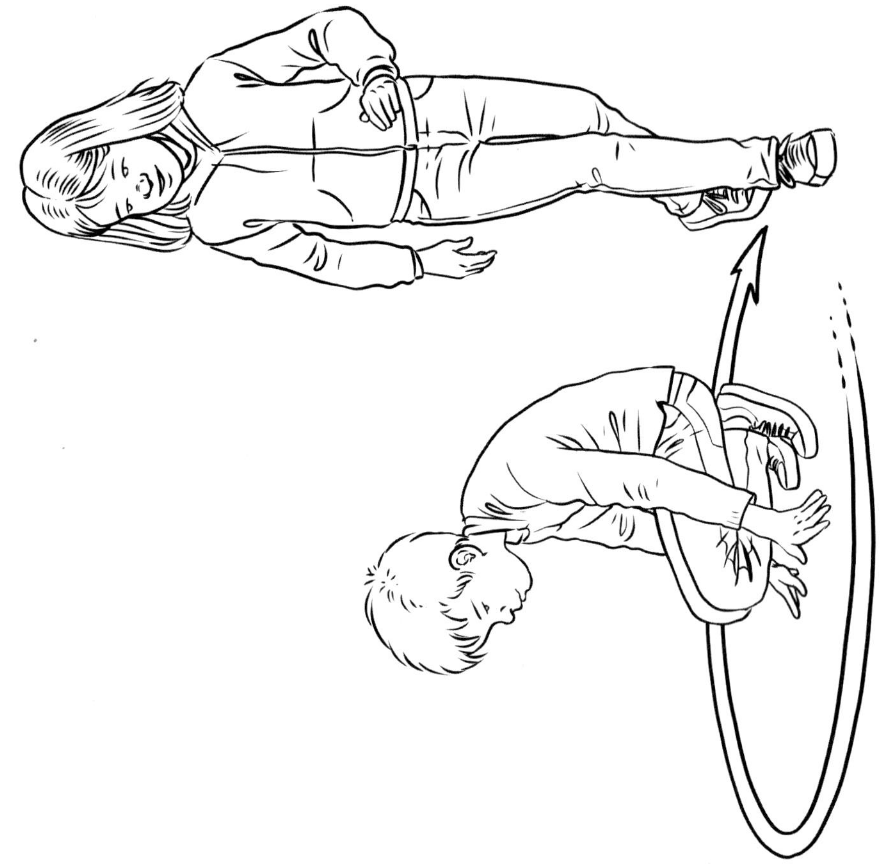

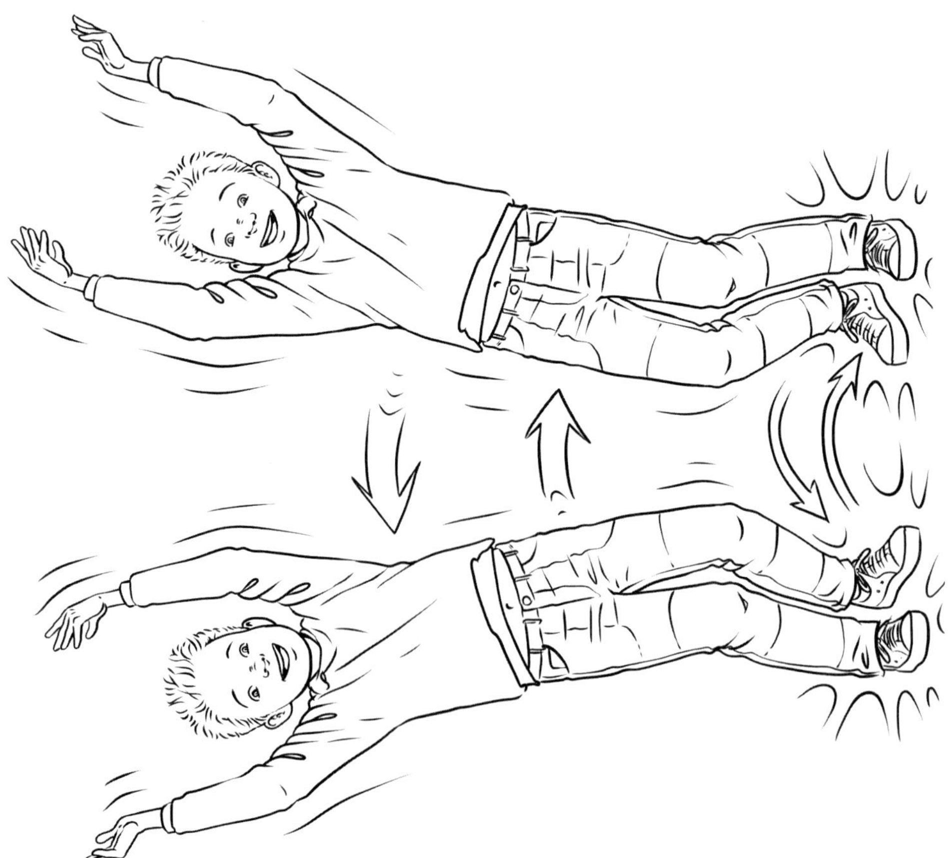

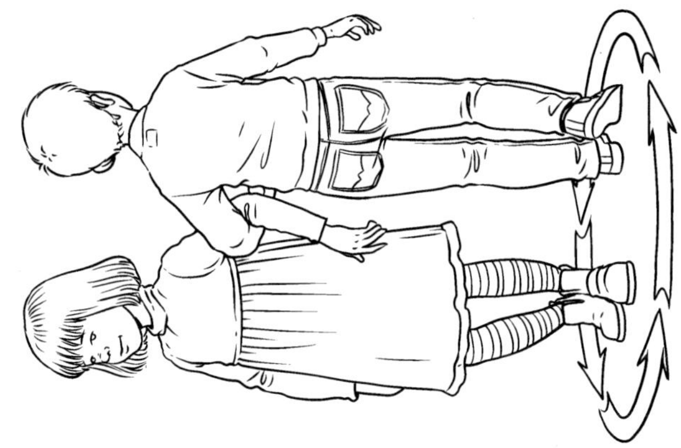

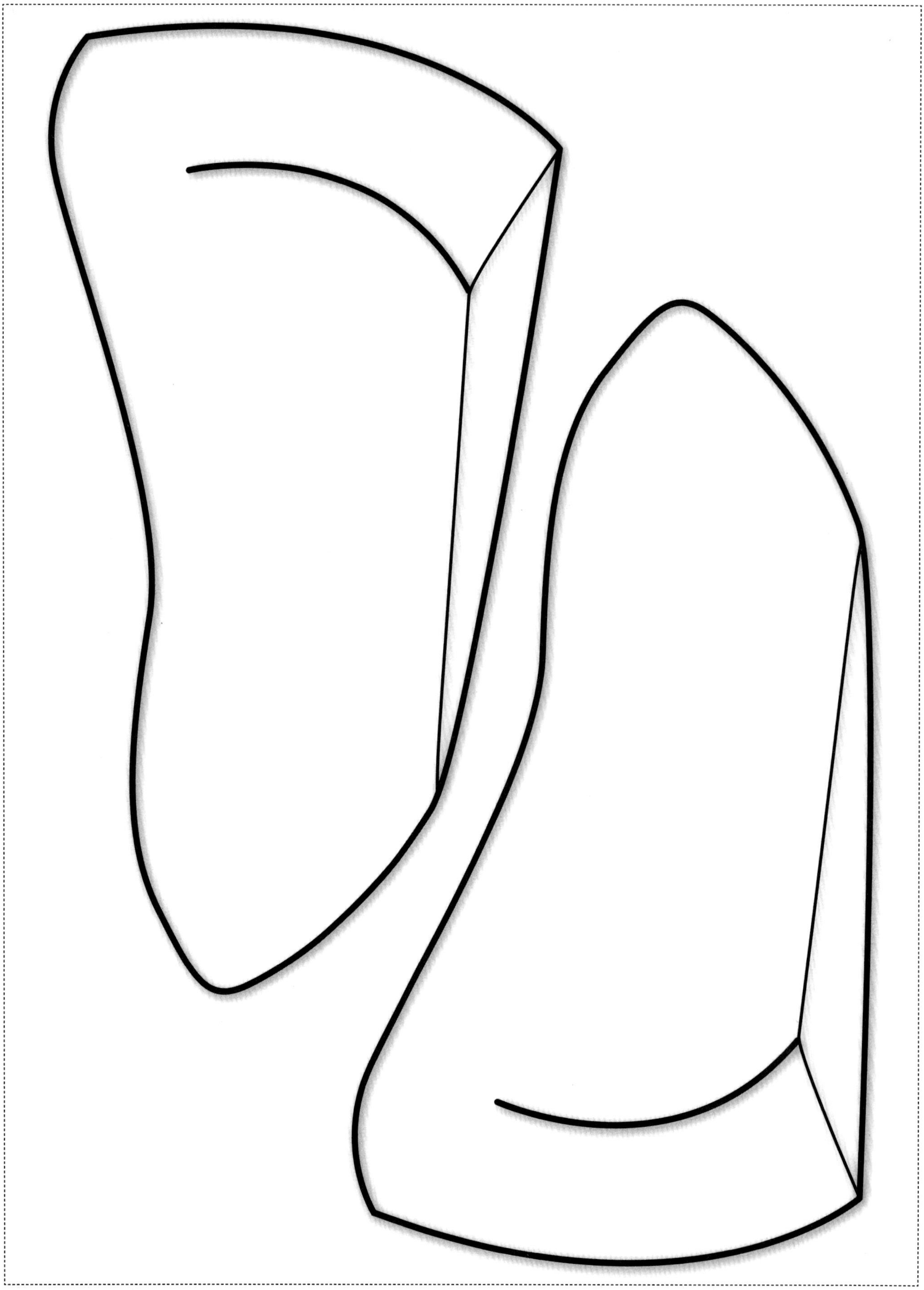

Quellenverzeichnis

Audio CD:

- Rolf Zuckowski, Julia Ginsbach: Rolfs bunter Adventskalender. Mit 24 Liedern durch die Weihnachtszeit. Hamburg: Coppenrath 2006.
- Rolf Zuckowski und seine Freunde: In der Weihnachtsbäckerei. Hamburg: Musik für dich 2012.
- Markus Schürjann, MS Urmel, Dieter Moskanne: Die 30 besten neuen Weihnachts- und Winterlieder. Mit allen Liedtexten zum Mitsingen. Berlin: Lamp und Leute 2015.
- Susanne Brandt, Reinhard Horn: Montags im Advent. Liedergeschichten zum Spielen und Mitmachen für die Zeit vor Weihnachten. Lippstadt: Kontakte Musikverlag 2010.